AF279047

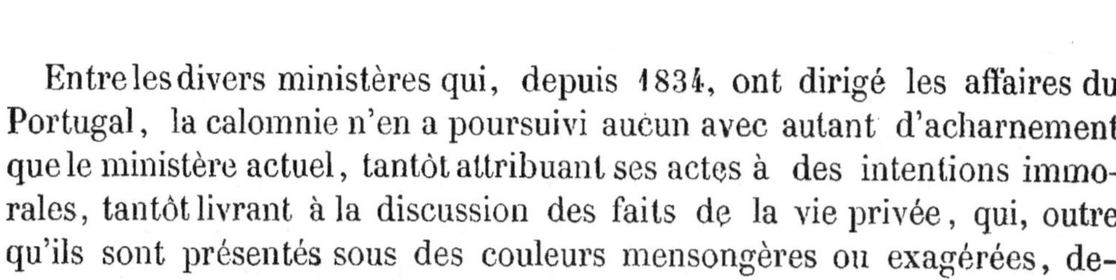

Entre les divers ministères qui, depuis 1834, ont dirigé les affaires du Portugal, la calomnie n'en a poursuivi aucun avec autant d'acharnement que le ministère actuel, tantôt attribuant ses actes à des intentions immorales, tantôt livrant à la discussion des faits de la vie privée, qui, outre qu'ils sont présentés sous des couleurs mensongères ou exagérées, devraient, par leur nature même, échapper à la polémique des journaux.

Quiconque ne saurait pas que la présidence du Conseil et le portefeuille de la guerre sont dévolus au duc de Saldanha, une des plus incontestables illustrations militaires de ce siècle; que le ministère de l'intérieur est confié à l'intelligence si élevée, à la prudence, à la modération consommées de M. Rodrigo de Fonseca Magalhaes, un des premiers orateurs du Portugal, et celui des travaux publics à l'incomparable activité du jeune député Antonio-Maria de Fontes Pereira de Mello ; quiconque ignorerait, enfin, la réputation de probité et les services du vicomte d'Athoguia, ministre des affaires étrangères, et du ministre de la justice M. Frederico-Guilherme da Silva Pereira, frère du vaillant général comte das Antas, pourrait supposer, en lisant les feuilles portugaises de l'opposition, que le cabinet actuel n'est qu'un ramassis d'hommes obscurs, ineptes, coutumiers de toute espèce de méfaits ; — telle est la violence des accusations! Tant l'atroce et l'horrible sont savamment combinés dans les calomnies dirigées contre eux !

On a peine à croire que l'esprit d'opposition aveugle à tel point des écrivains, et qu'à des mesquines convenances politiques soient sacrifiés la ré-

putation d'hommes estimés au dedans et au dehors de leur pays, le souvenir de leurs longs services, et cela sans même rester dans les limites que la bienséance la plus élémentaire impose aux discussions politiques et que la presse de tous les pays civilisés sait respecter avec un soin scrupuleux!

Parmi les ministres portugais, il en est deux que la haine de leurs adversaires poursuit avec un acharnement exceptionnel, usant contre eux des manœuvres les plus étranges et telles qu'un esprit plus que diabolique se lasserait à en chercher le mot. Nous voulons parler du président du Conseil et du ministre de l'intérieur, tous deux plusieurs fois ministres de la reine dona Maria II, tous deux éminens dans l'art de gouverner, tous deux fils de la liberté et ses défenseurs jaloux, tous deux tolérans et bienveillans pour les hommes de tous les partis, tous deux pacificateurs de leur patrie que tant de guerres désolèrent, tous deux, enfin, gardiens vigilans des droits populaires, aussi bien que des justes prérogatives de la Couronne, cette double condition de la paix publique, de l'ordre et de la prospérité des pays constitutionnels.

Le maréchal duc de Saldanha n'a pas pu trouver même dans une longue et cruelle maladie un refuge contre la fureur de ses adversaires. On épiait ses souffrances, comme si, sur ce lit de douleur, ne gisait pas un général dont le nom est identifié à toutes les gloires portugaises de ce siècle, un chrétien, un homme! Les nouvelles qui faisaient présager son rétablissement étaient chaque jour démenties comme s'il s'était agi d'un fait de polémique; celles qui présentaient sa mort comme prochaine et inévitable s'étalaient tous les jours dans les feuilles de l'opposition, et la presse discutait la probabilité de cette fin d'une existence humaine avec le sang-froid, le calme mathématiques qu'on mettrait à calculer le jour et l'heure d'une éclipse.

Apparemment que ces étranges adversaires attendaient avec impatience la mort du maréchal pour se réjouir autour de son cadavre, pour fêter l'heure funeste où serait ravi à la Couronne et à la nation portugaise le Patricien qui avait consacré au service de l'une et de l'autre une existence longue et constamment honorée!

La triste idée qu'ils durent donner du sentiment moral de leur pays les hommes qui se faisaient ainsi l'instrument d'un lent et douloureux homicide! Etaient-ce des chrétiens du dix-neuvième siècle ceux qui interprétaient ainsi le précepte de visiter le malade et de consoler l'affligé, ceux qui se faisaient un jeu d'agiter complaisamment l'image de la mort sous les yeux d'un vieillard à tant de titres respectable, et dont la fin eût été un deuil enregistré par l'histoire?

Entre tous les textes d'accusation sur lesquels s'exerce la rage des adversaires du maréchal duc de Saldanha, il n'y en a pas de plus curieux et de plus grave en lui-même que le chimérique enlèvement de la fille du millionnaire portugais Antonio Bernardo Ferreira, mort il y a une dixaine d'années, à Paris, rue Laffitte.

Le récit de ce crime imaginaire a paru dans les journaux de Lisbonne et de Porto pour passer de là dans les quelques feuilles étrangères où les adversaires du maréchal trouvent bon accueil. En outre, on a eu soin de faire circuler mystérieusement et confidentiellement, dans toute l'Europe, une narration tellement inexacte des faits que l'intelligence la moins exercée les jugerait de prime à bord controuvés.

Il faut lever le voile sur ces mystères et substituer à ce calomnieux roman l'exposé pur et simple de ce qui s'est passé.

Le maréchal Saldanha est pauvre. Il n'y a à le dire ni indiscrétion, ni ostentation. C'est constater simplement un fait que personne n'ignore, qui est connu de toute l'Europe. Cadet de la maison des comtes de Rio-Maior, le maréchal est entré dans la vie sans fortune, et ce n'est pas dans les camps, où il a grandi et vieilli, qu'il pouvait s'en faire une. D'une générosité proverbiale, il n'a su rien garder ni de ses traitemens, ni des sommes que le Parlement portuguais lui vota à l'expiration de la guerre civile. Plus d'une fois, ses amis eurent à s'occuper de le pourvoir du nécessaire, et, dans ce nécessaire, les malheureux, qu'il ne put jamais voir d'un œil froid, trouvaient encore leur part.

La modestie de son genre de vie, l'honnête simplicité de son train de maison ont été cités plus d'une fois par les journaux portugais comme des preuves incontestables de la probité et du désintéressement de l'homme qui tant de fois est monté au pouvoir, et qui aujourd'hui encore cumule les plus hautes dignités du Portugal.

Cependant, à la dernière période de sa vie, il devait songer à son fils aîné, à l'héritier de son nom, au représentant de la nouvelle famille qui lui devra une si brillante origine, et cette préoccupation était d'autant plus naturelle que le duc n'avait pas fait un mariage d'argent. Sacrifier aux principes de désintéressement absolu l'avenir de la personne qui doit lui être la plus chère, c'eût été méconnaître les ordres de la nature, et le maréchal aurait dû rendre un compte sévère à Dieu de sa résistance aux légitimes impulsions de l'amour paternel.

L'homme incapable de s'enrichir à l'ombre du pouvoir devait considérer un mariage comme le moyen le plus simple et le plus naturel de doter le comte de Saldanha d'une fortune en rapport avec la haute position sociale destinée à celui-ci.

Dans la province de Tras-os-Montes, dans la célèbre vallée du Douro, vivait une jeune personne, fille de ce millionnaire dont nous avons parlé. Comme ses qualités naturelles, aussi bien que son éducation, étaient dignes de la famille Saldanha et que sa fortune était considérable, la main de cette demoiselle fut sollicitée dans les formes d'usage. Il paraît que la mère n'accéda pas aux premières propositions, et le frère, en compagnie de diverses personnes de distinction, se rendit à la maison de campagne où vivait sa famille, afin de convaincre celle-ci de la convenance du mariage proposé.

Quelqu'un avertit la mère de cette démarche, et cette dame, pour se soustraire à une demande sur laquelle elle s'était déjà prononcée, quitta précipitamment sa maison de campagne et se rendit à Lamego, à quelques lieues de là.

Les personnes dont nous venons de parler ne la trouvant pas au logis se retirèrent sans penser à aller la chercher là où ils savaient qu'elle s'était rendue.

Voilà les faits tels qu'ils ressortent des différentes versions des journaux de toute opinion, à travers les calomnies et les exagérations par lesquelles les ennemis du maréchal cherchent à le défigurer.

L'opposition a élevé cette affaire au niveau d'un événement politique, et elle l'exploite avec une infatigable persistance. La visite du frère de la jeune personne à sa mère a été convertie en tentative de rapt! Les amis qui l'accompagnaient ont eu à subir l'accusation de complicité, et, comme si ces suppositions gratuites et outrageantes ne suffisaient pas, on a inventé l'histoire d'un blanc-seing qu'aurait donné le maréchal, autorisant à en faire, selon les circonstances, quelque usage que ce fût, pourvu qu'il contribuât au rapt supposé!

Les vertus publiques et privées du maréchal, ses longs services, les preuves répétées de son désintéressement et de son incontestable probité, se dresseront vainement ici devant les calomniateurs pour leur imposer silence. Les calomniateurs ne s'émouvront pas pour si peu.

Ils accumuleront les insinuations perfides, ils sommeront le maréchal de faire la preuve de son innocence, et cela sans qu'ils aient fait, eux, la preuve de sa prétendue culpabilité. Mais, qu'importe aux adversaires du maréchal que leurs accusations pèchent par la base même, pourvu qu'ils y trouvent un prétexte de le vilipender et de l'affliger ! Le caractère chevaleresque du gentilhomme, la réputation du général illustre, l'autorité de l'homme d'Etat consommé, l'honneur d'un vieillard, la gloire d'un des noms les plus célèbres des fastes Portugais modernes, gloire qu'on peut considérer comme un des plus beaux fleurons de la couronne de Bragance, que leur fait cela? Comment hésiteraient-ils à souiller tout cela devant la perspective d'avancer de quelques lignes sur le chemin du pouvoir! Effroyable aberration du sens moral, en vérité!

Il faut toutefois rendre cette justice à la presse portugaise de l'opposition: tous les adversaires politiques du maréchal n'ont pas pris part à cet assaut de calomnies. Il en est même qui ont franchement et loyalement élevé la voix pour rendre témoignage de la probité du Duc et de sa famille.

L'Eco Popular, que dirige M. José Passos, chef de la junte de Porto, vigoureux adversaire du gouvernement, est venu défendre l'honneur de son antagoniste, et *le Nacional*, violent ennemi du ministère, a dû, lui aussi, faire taire à cette occasion ses rancunes politiques. Nous constatons le fait avec plaisir, et l'opinion de ces deux journaux a d'autant plus d'autorité ici qu'ils se publient à Porto, c'est-à-dire dans le voisinage du théâtre de la prétendue tentative de rapt.

Quant à nous, nous voulons pour un moment accepter les furibondes accusations dirigées contre le duc. Nous voulons, pour un moment, le supposer coupable afin de le traduire à notre tour devant le tribunal de l'opipinion publique.... Mais, où prendrons-nous nos chefs d'accusation? En vérité, nous ne le savons pas.

Imputerons-nous à crime au maréchal Saldanha de chercher à donner une fortune, une indépendance à son fils? Non ; car cette accusation répugne à la nature.

Lui imputerons-nous à crime d'avoir demandé la main de Mlle Ferreira? Non ; car c'est là le préliminaire obligé de tout mariage.

Lui imputerons-nous à crime l'insistance que ses amis mettaient à ramener la volonté de la mère de cette demoiselle? Non ; car tout cela encore est naturel, licite et indispensable en pareil cas.

Lui imputerons-nous à crime la démarche que le frère de la jeune personne allait faire dans ce sens auprès de sa mère? Non; car personne ici n'était plus compétent, personne ne pouvait inspirer moins de soupçons qu'un fils. Or, comment arriver à parler à la mère sans aller où elle se trouvait.

L'accuserons-nous d'une tentative de rapt organisée de concert avec le frère? Non; car un frère ne pourrait être complice d'une semblable énormité.

Lui reprocherons-nous les précautions prises par la mère pour qu'on ne la trouvât pas chez elle? Conclurons-nous du départ de Mme veuve Ferreira qu'elle redoutait réellement un rapt? Non; car cette dame n'a pas plus manifesté d'inquiétude à cet égard dans la ville de Lamego, où elle s'était retirée, que dans sa maison de campagne. Si, d'ailleurs, les amis du maréchal avaient eu des intentions de violence, n'auraient-ils pas veillé sur leur proie, et était-il vraisemblable qu'elle leur échappât!

L'accuserons-nous, enfin, de vendre son âme et sa conscience à une insatiable ambition des richesses? Non; car tout protesterait contre cette accusation, et son honorable pauvreté et le témoignage de ses compagnons d'armes, depuis les déserts d'Amérique jusqu'au pont de Torres-Vedras, le témoignage de ses compagnons d'émigration, de ses collègues au pouvoir, de tous ceux, enfin, qui connaissent et pratiquent le duc de Saldanha.

De quoi l'accuserons-nous donc? D'avoir renversé le comte de Thomar? Oui, voilà son grand crime, voilà le mobile permanent des persécutions dirigées contre le vieux compagnon de Dom Pedro, contre le respectable gentilhomme devant qui la génération actuelle ne peut passer sans s'incliner pour saluer l'homme dont les efforts et la constance ont donné la liberté au Portugal.

Si, pour la gloire lusitanienne, il existait un Versailles dont les salons gardassent les tableaux commémoratifs des hauts faits de ses plus illustres personnifications, nous voudrions mener là les ennemis du maréchal Saldanha pour être témoins de leur confusion et de leur vergogne.

Voyez cette série de tableaux, leur dirions-nous: c'est la jeunesse du maréchal écoulée sur les champs de bataille les plus glorieux de l'un et l'autre hémisphère!

Baissez la tête, vous qui n'avez pas couru ces dangers, vous qui n'apparûtes pas là où l'on combattait pour la conservation du territoire, ou pour l'indépendance du Portugal!

Jetez les yeux de cet autre côté... C'est son noviciat constitutionnel, son premier ministère, l'exil, son apparition dans les eaux de Terceira, Oporto Almoster et Evora-Monte.

Baissez la tête devant ces gloires auxquelles vous devez une patrie, votre repos, et jusqu'à la liberté de chercher à les souiller par la voie de la presse. Regardez-le bien, cet homme que vous poursuivez de si atroces insultes : ces cheveux ont blanchi dans les fatigues de la guerre, cette robuste organisation s'est délabrée dans les âpres travaux des camps et dans les pénibles méditations de l'homme d'Etat. Contemplez cette physionomie expressive et énergique encore dans sa vieillesse, voyez-y empreintes cette bonté qui ne l'abandonne pas devant ses ennemis, cette bienveillance oublieuse des injures, cette charité avec laquelle il vient en aide aux malheureux, cette chaleur d'affection avec laquelle il aime les siens comme lui-même, et les étrangers comme les siens !

Fouillez sa vie intime, pénétrez dans son foyer domestique, vous aurez le continuel spectacle d'actes de vertu et de dévouement ; vous observerez le caractère désintéressé du maréchal, l'esprit chrétien de sa piété, et le plus haut degré d'élévation morale qu'ait jamais contenu poitrine humaine.

Baissez la tête devant ces nobles qualités, et soyez honteux d'avoir osé supposer qu'un pareil homme pouvait être complice d'un rapt !

Washington se plaignait à un ami de ce que les journaux américains, au moment même où il rendait à la naissante République des États-Unis les plus éclatans services, le traitaient pire que le dernier des malfaiteurs.

Les attentats de cette nature ne sont donc pas nouveaux, et, si les adversaires du duc de Saldanha renouvellent contre lui ce que d'aussi grands ingrats purent faire contre le plus grand homme du Nouveau-Monde, c'est qu'apparemment le mérite du maréchal leur pèse autant que pesait celui de Washington aux antagonistes du libérateur américain.

L'estime des souverains portugais et étrangers, le respect et l'amour de son pays natal, la considération de la meilleure partie des journaux connus et le respect avec lequel son nom est accueilli partout doivent consoler le maréchal Saldanha de ces déboires, et, plus que tout le reste, la conscience d'avoir, dans sa longue carrière, donné à sa patrie tout ce qu'il pouvait lui donner ; aux hommes, toute la somme de prospérité qui dépendait de ses efforts ; à sa famille, tout l'amour et toute l'affection que peut contenir le cœur de l'homme ; aux malheureux, protection et courage ; au monde, enfin, de bons exemples de toute nature.

P. S. Pendant que ces pages étaient livrées à l'impression a paru dans les journaux portugais une lettre signée par la mère de la jeune personne dont il est question plus haut, lettre qui contient les plus violentes attaques contre le duc de Saldanha.

Nous y avons avidement cherché le récit des faits, et nous n'y trouvons à la place que la reproduction du déluge d'épithètes dont les adversaires du duc de Saldanha ont coutume d'user contre lui depuis des années. La déclaration de la mère n'est qu'un pamphlet politique où elle a eu la naïveté d'omettre justement l'essentiel, c'est-à-dire l'histoire du rapt. Si cette dame a réellement signé semblable chose, nous le regretterons sincèrement; et si ce *factum* est apocryphe, nous l'apprendrons avec douleur. Dans tous les cas, ce ne sont pas des écrits pareils qui pourraient atteindre l'honneur du duc de Saldanha, et cette tentative tombera, comme les autres, dans le mépris.

Les journaux portugais qui défendent le maréchal de Saldanha se sont empressés de reproduire cette déclaration, et ils ont bien fait; car elle est la meilleure défense du duc.

Voici la traduction de ce factum étrange :

DÉCLARATION.

J'ai été forcée d'abandonner ma patrie, ma mère chérie, mes parens, l'administration de ma maison et tant d'affaires qui réclamaient ma présence, pour me soustraire aux persécutions des Saldanha, qui, n'ayant pas honte de l'insuccès de la tentative de rapt mise en pratique dans la fatale nuit du 24 au 25 août dernier, afin de s'emparer traîtreusement de mon innocente fille à peine âgée de douze ans, et avec elle de sa fortune, unique but de leurs désirs, persistaient dans leur diabolique parti pris de mener à bonne fin les tentatives de leur cupidité protégée par *cette main de fer* qui est devenue le fléau de mon existence, la terreur de l'innocente victime; par la main de cet homme, qui, à défaut même de sentimens nobles et religieux auxquels il ne peut plus prétendre, devrait être, dans la haute position sociale qu'il occupe, l'appui des faibles. Je veux maintenant que, dans mon asile étranger, il m'est possible de parler et de me montrer à la lumière du jour, m'adresser à tous mes concitoyens qui, dans leurs sentimens d'humanité et de justice, se sont associés à la réprobation soulevée par les auteurs et complices d'un si horrible attentat, lequel est entouré de circonstances telles que, pour en trouver un exemple dans les pays civilisés, il faut remonter aux époques de barbarie. Je m'adresse particulièrement aux hommes honorables qui ont essuyé mes larmes dans mes plus violens momens d'angoisse et, en, général aux écrivains de mon pays, qui se sont si courageusement élevés contre le pouvoir en livrant à la publicité le récit de ce crime inouï, récit que, sans crainte d'être démentie, je confirme par des preuves non équivoques, basées sur le témoignage de mes voisins dévoués, de mes domestiques et des personnes de mon intimité, auxquels, après la Providence, nous devons, moi et mon innocente fille, d'avoir été sauvées des mains des assassins bien connus qui ont tenté, dans les ténèbres de la nuit, de l'arracher de mes bras ou de ceux de sa tendre aïeule pour la mener à l'endroit qu'ils jugeaient le plus favorable à l'accomplissement de leur noir projet.

A cette occasion, je ne puis oublier les services d'ami qu'en de si tristes conjonctures m'a rendus mon honorable parent M. A.-F. Cerdeira, en m'avertissant de toute cette trame, dont malheureusement il n'a eu connaissance qu'après la mise à exécution, et en témoignant partout avoir vu aux mains d'un des agens les plus actifs de la tentative, nommé Soveral, un blanc-seing du maréchal de Saldanha, invitant toutes les autorités militaires et civiles à aider le porteur dans une affaire qui l'intéressait beaucoup ainsi que sa famille, et l'autorisant à promettre des grâces, des faveurs. Ce bon parent a poussé le dévouement plus loin encore, ne plaignant pas ses fatigues pour dénoncer les faits à Son Excellence le général gouverneur civil du district de Villa-Réal, honneur de notre siècle, à Son Excellence le brigadier commandant le bataillon de chasseurs n° 3, et à beaucoup d'autres de ses amis.

Qu'on ose nier ces faits que tous savent, dont beaucoup ont été témoins oculaires ! Qu'on ose nier que le susdit M. Soveral et une autre personne surabondamment connue recrutèrent dans le bourg de Casaes et ses environs plus de trente assassins, avec lesquels ils allèrent, par la rivière, se réunir aux autres complices venus de Porto, tous protégés par la nuit et armés de carabines et d'espingoles pour l'assaut que je viens de narrer ! ! Qu'on ose nier que, par l'intermédiaire de mes agens et par le propre fils du duc de Saldanha, ils me menacèrent ensuite de la police secrète, qu'ils avaient aussi à leur disposition, et à laquelle je ne pourrais pas échapper, même en dehors du royaume ! ! Voilà l'extrémité à laquelle je suis réduite, persécutée et bannie, et obligée de fuir des criminels ! ! Voilà la justice qui régit ma malheureuse patrie !

Sans sécurité dans le présent et menacée dans l'avenir, il ne me restait pour refuge que la générosité des étrangers, parmi lesquels je suis venue attendre que la justice reparaisse dans mon pays, où elle est devenue muette à la voix de son chef actuel, pour user alors librement des droits qui m'appartiennent, et je proteste dès à présent contre la famille du premier ministre de Portugal, ses satellites et partisans, pour toutes les atteintes portées et qui pourront être dorénavant portées à ma sûreté et à celle de ma fille persécutée, de qui je suis légitimement tutrice.

Je prie enfin tous les journaux de ma patrie de reproduire la présente déclaration, afin qu'un scandale si énorme soit connu de tous, et en particulier de tous les pères de famille, et de crier vengeance contre mes persécuteurs, qui attaquent en moi les liens les plus sacrés de la société, ainsi foulés aux pieds parce qu'il a plu au dictateur de profiter du pouvoir dont il s'est saisi pour enrichir sa famille au prix du patrimoine d'une enfant de douze ans et des larmes d'une mère persécutée et vexée par l'exil auquel elle a dû se vouer pour soustraire sa fille à tant de rapacité, ainsi qu'au sort prématuré qu'on voulait lui imposer par force, au mépris de toutes les lois divines et humaines.

Vigo, 20 septembre 1854.

D. Antonia-Adelaide FERREIRA.

Pour compléter l'exposé des faits, nous empruntons au *Constitutionnel* du 10 octobre la lettre suivante, adressée par le maréchal de Saldanha à un de ses amis de Paris, qui l'a communiquée à ce journal. Que le public compare et juge !

Monsieur,

Une inculpation très-grave pour moi, parce qu'elle toucherait essentiellement à mon honneur, et m'atteindrait dans mon caractère et mes principes privés et religieux, a été répandue en Europe par la presse périodique de l'opposition dans l'unique but de renverser la situation politique en l'attaquant et la discréditant dans la personne de son chef et avec l'arrière pensée peut-être de justifier par ce moyen le chef de la situation précédente des graves imputations autrefois dirigées contre lui.

Je serais indigne de la position que j'occupe, de la considération dont je m'énorgueillis de jouir dans ce pays, et, à coup sûr, de l'amitié particulière dont m'honorent beaucoup de personnes, et entre elles, vous, Monsieur, si ce qu'on m'attribue était vrai.

Complètement tolérant pour la presse, dont j'ai toujours défendu la liberté, et que naguère encore je soutenais en donnant l'impulsion au mouvement régénérateur, ce n'est pas moi qui voudrais intenter un procès à un journal politique quelconque, notamment à un journal d'opposition.

Je l'ai surabondamment démontré en supportant de continuelles insinuations toujours fausses et presques toujours malveillantes et perfides, dirigées contre moi et l'administration que je préside. Je voudrais hésiter encore aujourd'hui ; mais, attaqué et offensé dans mon unique bien, dans mon honneur comme homme public, et dans mon caractère comme homme privé, je ne peux endurer plus longtemps la calomnie, et je vais appeler devant les tribunaux la presse qui m'outrage ainsi. Là, je prouverai qu'il n'y a rien que d'absolument faux dans tout ce qui a été dit sur l'enlèvement supposé de la fille de Mme dona Antonia-Adelaide Ferreira.

Cette dame vient de quitter le pays, et dans le *Periodico dos Pobres* de Porto (n° 226, du 23 septembre) apparaît une déclaration signée d'elle, dont le contenu démontre bien clairement qu'une intrigue purement politique en fait son porte-voix, en lui dictant des assertions qui se détruisent par elles-mêmes, et des expressions qui ne servent qu'à trahir la pensée de leur auteur.

Cette dame dit qu'elle est *contrainte d'abandonner sa patrie pour se soustraire aux persécutions de la famille Saldanha !* Persécution imaginaire, car il n'y a pas un seul fait, pas l'ombre d'un fait qui puisse, même de loin, en faire soupçonner l'existence. A ce sujet, j'adresse, ci-inclus, la copie d'une lettre que de ma propre main j'ai écrite à cette dame, en date du 1er septembre, et qui eût suffi, le cas échéant à la rassurer. J'ajouterai que mon fils alla de sa personne et entièrement seul la voir à Regoa et à Lamego, où il ne la trouva pas, afin de la tranquilliser lui-même pour son propre compte ; et, soit dit en passant, tout seul qu'il était, il ne craignit pas de traverser ces populations qu'on dit si animées contre lui, parce que sa conscience était et reste pure, et qu'il rejette comme calomnieuse l'accusation dont il est l'objet. Cette dame, en s'éloignant du Portugal, n'y a pas été contrainte par ma famille, mais bien par sa docilité à se faire l'instrument de la persécution politique que dirigent contre moi les hommes de parti, dont j'ai cherché à paralyser la prépondérance dans le pays, non pas en les comprimant sous *une main de fer*, mais par les moyens empreints de douceur et de légalité que toute l'Europe connaît, empêchant ainsi le retour de l'état de choses qu'appelle si clairement la déclaration de ladite dame.

En attendant que les tribunaux aient prononcé contre l'odieuse calomnie qui me poursuit, je vous prie, Monsieur, d'employer tous les moyens en votre pouvoir, et même la publicité des journaux français, pour rétablir les faits que je viens d'exposer, et pour l'exactitude desquels j'engage ma parole d'honneur de la façon la plus solennelle, vous autorisant à faire de ma déclaration tel usage qui vous paraîtra convenable et opportun.

J'ai l'honneur d'être, etc.

Cintra, 28 septembre 1854.

DUC DE SALDANHA.

Voici le texte de la lettre adressée à Mme Ferreira :

Cintra, le 1er septembre 1854.

A Madame Antonia-Adelaide Ferreira.

Un événement qui non-seulement m'est désagréable, mais qui répugne encore à tous mes principes et à tous mes sentimens, vient d'être présenté au public revêtu de circonstances que je puis, heureusement, donner pour entièrement fausses.

L'idée qu'ont eue quelques-uns de vos parens m'a flatté, et j'ai désiré sincèrement la main de votre fille pour le comte de Saldanha, parce que je connais les qualités de mon bon fils et suis tout à fait convaincu que ces qualités et l'exemple qu'il a eu de la parfaite union et harmonie qui ont toujours existé entre son père et sa mère ne feront jamais le malheur de la femme qu'il épousera ni de la famille à laquelle elle appartiendra. Je vous assure cependant, Madame, que je n'ai jamais désiré et n'aurais jamais permis que ce mariage se fît avec la moindre violence, et, pour cela, je vous déclare très-positivement que je n'ai eu connaissance d'aucune démarche tendant à forcer cette union, et que je n'aurais jamais donné mon consentement à de tels procédés.

Je suis père, et comme tel je sais rendre justice à vos sentimens maternels ; et j'espère que vous, Madame, rendrez aussi justice à mes sentimens et à la vérité de cette déclaration, pour garantie de laquelle je puis présenter ma vie privée connue de tous.

J'ai l'honneur d'être, avec considération, etc.

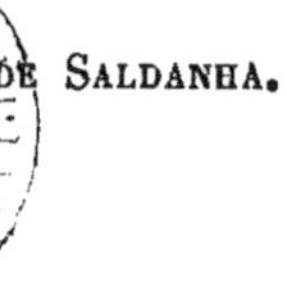

D. DE SALDANHA.

Paris, Typ. Brière et Ce, rue Ste-Anne, 55.